浙江省交通建设指南

高速公路工程变更结算价操作指南

ZJ/ZN 2019-10

编写单位:浙江省交通工程管理中心
杭州道乔业交通科技有限公司
杭州交通投资建设管理集团有限公司
批准单位:浙江省交通运输厅

人民交通出版社股份有限公司
北 京

图书在版编目(CIP)数据

高速公路工程变更结算价操作指南 / 浙江省交通工程管理中心, 杭州道乔业交通科技有限公司, 杭州交通投资建设管理集团有限公司主编. — 北京 : 人民交通出版社股份有限公司, 2020.11

ISBN 978-7-114-16868-0

Ⅰ. ①高… Ⅱ. ①浙… ②杭… ③杭… Ⅲ. ①高速公路—工程变更—调拨价格—指南 Ⅳ. ①U412.36-62

中国版本图书馆 CIP 数据核字(2020)第 184070 号

Gaosu Gonglu Gongcheng Biangeng Jiesuanjia Caozuo Zhinan

书　　名: **高速公路工程变更结算价操作指南**
著 作 者: 浙江省交通工程管理中心
　　　　　杭州道乔业交通科技有限公司
　　　　　杭州交通投资建设管理集团有限公司
责任编辑: 黎小东
责任校对: 孙国靖　龙　雪
责任印制: 刘高彤
出版发行: 人民交通出版社股份有限公司
地　　址: (100011)北京市朝阳区安定门外外馆斜街 3 号
网　　址: http://www.ccpcl.com.cn
销售电话: (010)59757973
总 经 销: 人民交通出版社股份有限公司发行部
经　　销: 各地新华书店
印　　刷: 北京市密东印刷有限公司
开　　本: 880 × 1230　1/16
印　　张: 2.5
字　　数: 68 千
版　　次: 2020 年 11 月　第 1 版
印　　次: 2020 年 11 月　第 1 次印刷
书　　号: ISBN 978-7-114-16868-0
定　　价: 40.00 元

《高速公路工程变更结算价操作指南》

审定委员会

编　写　组

主　　编： 丁正祥

副 主 编： 陈　亮　吕媛媛

编写人员： 盛军其　蒋春晖　黄　俊　万颖君　林　军　赵玉贤　沈松波　朱晓莉　陈　弢　王东妹　郑颖颖　王一鸣　赵若含

目　　次

前　言

关于工程变更费用的计算,《公路工程标准招标文件》(2018 年版)的规定较为原则,工程实践中仍需要制定工程变更管理办法。此外,由于变更办理人员(包括发包人、监理人、承包人、审计单位等)水平不一、对合同条款理解不同,易出现分歧,导致工程变更确认迟缓、审计争议较大,从而导致变更造价的纠纷。

工程变更结算价是三方在工程合同管理中的重要内容,是在施工期间造价控制、合同管理的内容之一。为规范公路工程变更结算价编制、提高工程变更办理效率,特编制《高速公路工程变更结算价操作指南》。

本指南旨在通过对工程变更编制和审批过程的各项操作要求进行具体明确,使工程变更结算的编制和确认标准化,从而提升工程变更结算价的编制和审批效率,避免编制、审核的随意性,有效减少结算纠纷。

本指南前言、总则、编制依据是按照《浙江省交通建设指南编制管理办法》(浙交〔2017〕162 号)的要求编写。

本指南为操作性指南,不涉及专利。

高速公路工程变更结算价操作指南

1 总则

1.1 为规范高速公路工程变更结算价报告的编制、审核、批准工作，提高变更办理效率，特编制《高速公路工程变更结算价操作指南》。

1.2 本指南共分7章4个附录，分别为1总则、2编制依据、3术语和定义、4基本规定、5工程变更结算价报告编制、6工程变更新增单价报告编制、7变更管理，附录A(规范性附录)相关文件格式、附录B(资料性附录)工程变更台账格式、附录C(资料性附录)变更办理工作流程、附录D(资料性附录)《公路工程标准施工招标文件》(2018年版)规定的变更内容。

1.3 本指南适用于高速公路工程变更结算价的编制与管理。

1.4 高速公路工程变更结算价操作除执行本指南外，尚应符合国家、行业和浙江省有关办法的规定。

2 编制依据

JTG 3830	公路工程建设项目概算预算编制办法
交通部令2005年第5号	公路工程设计变更管理办法
交通运输部公告2017年第51号	公路工程标准施工招标文件(2018年版)
浙交〔2009〕151号	关于进一步加强我省高速公路工程重大较大设计变更管理的通知
浙交〔2004〕562号	关于进一步加强公路水运工程造价文件审查工作的通知

3 术语和定义

下列术语和定义适用于本文件。

3.1

工程变更

工程项目实施过程中，按照合同约定的程序，并符合《公路工程标准施工招标文件》(2018年版)(交通运输部公告2017年第51号)第15.1款规定，经监理人签认，对已约定(或已签认)的设计和方案进行部分或全部工程的改变及追加。

3.2

变更结算价

经确认可应用于计量的工程变更结算费用。

注1：变更结算价体现形式为工程变更结算价报告。

注2：批准的变更单价直接应用于结算。

3.3

0号变更

合同工程量清单与按招标文件计量规则对施工图进行核算并经确认的工程量清单之间的差异

费用。

3.4

设计变更

对已批准的施工图设计文件所进行的修改、完善等活动,包括动态设计变更、优化设计变更。

3.5

动态设计变更

设计人根据施工时发现的工程实际地质、地貌新情况对施工图设计文件进行的修正或改变所引起的变更。

3.6

优化设计变更

设计人根据工程活动的实际情况对施工图设计文件进行完善或优化所引起的变更。

3.7

不利物质条件引起的变更

《公路工程标准施工招标文件》(2018 年版)(交通运输部公告 2017 年第 51 号)第 4.11 款不利物质条件条款所规定的内容所引起的变更。

3.8

其他变更

除定义 3.3、3.4、3.5、3.6、3.7 以外的变更。

3.9

三方

发包人、监理人和承包人等三方。

3.10

双方

发包人和承包人等两方。

4 基本规定

4.1 编制范围

符合《公路工程标准施工招标文件》(2018 年版)第 15.1 款、第 4.11 款规定及合同约定,才能进行工程变更结算价报告、工程变更新增单价报告的编制。

4.2 工程变更结算价的分类

按产生变更原因不同,变更结算价编制类别分为 0 号变更、设计变更、不利物质条件引起的变更、其他变更四类。

4.3 编制原则

4.3.1 变更范围和内容符合本指南 4.1 的规定。

4.3.2 按照变更原因,单个标段一个事件一个原因编制一份变更报告,不得随意分解和合并。

4.3.3 新增子目的工程变更新增单价(以下简称“新增单价”)报告独立成册,独立编号,按照本指南第 6 章的要求进行编制,作为工程变更结算价报告的附录一起上报,单价变更令应独立批复。

4.3.4 按照《公路工程标准施工招标文件》(2018 年版)(交通运输部公告 2017 年第 51 号)第 15.4 款规定的变更估价原则确定变更单价。

4.3.5 工程变更结算价报告(包含新增单价)编制,应在以下要求的时间内完成:

a) 不涉及新增材料市场调查和无定额组价时的一般变更,要求在技术联系单下达后14天内完成编制,并上报监理人;

b) 其余部分,要求在技术联系单下达后2个月内完成编制,并上报监理人。

4.3.6 变更证明材料应真实、准确、完整、有效。

4.4 计量规则

4.4.1 结算数量应按照合同约定的计量规则进行确定,数量来源为经批准的施工图、技术联系单及其他书面批准文件。当批准文件显示的数量为估算数量时,变更结算价为估算费用,应以"按实计量"的原则进行计量。

4.4.2 结算单价应按照本指南4.3.4的规定进行确定。

4.4.3 新增单价应按照本指南4.3.3的规定进行编制。计算、上报、审核、变更令等各阶段的新增单价分别按以下方式命名:

a) 通过组价方式计算过程获取的单价为计算单价,用 $P_{计}$ 表示;

b) 承包人按照合同约定,将计算单价 $P_{计}$ 作为承包人上报新增单价,用 $P_{报}$ 表示;

c) 监理人按照合同约定审核后的单价,作为监理人的审核新增单价,用 $P_{核}$ 表示;

d) 经审核同意,由监理人下达变更令,作为结算用新增单价,用 $P_{令}$ 表示。

4.4.4 新增单价涉及材料价格需要进行市场调查时,双方在标段开工前,应约定市场调查的方式。材料价格市场调查工作应形成书面成果,在材料进场使用前,并在技术联系单下达后1个月内完成,否则,应予以说明。

4.5 工程变更结算价的编制依据

可按以下依据编制工程变更结算价:

a) 按有关规定批准的书面文件;

b) 双方协商一致的文书及相应的证明文件;

c) 论证文件(适用于不利物质条件引起的变更);

d) 法律、法规、部门规章及行业管理要求;

e) 其他有公信力的证明文件。

5 工程变更结算价报告编制

5.1 编制原则

5.1.1 承包人应按本指南附录A编制工程变更结算价报告(包括所包含的工程变更新增单价报告)。编写应简明扼要、事实清楚、有据可查、证据充分、计算准确。

5.1.2 工程变更结算价报告包含工程变更结算价报告单、工程变更结算价编制说明和工程变更新增单价报告(如有)、工程变更结算价附件等四部分,详见本指南附录A.1(其中,工程变更新增单价报告详见本指南附录A.2)。

5.1.3 工程变更结算价报告单的编号为"合同号+BG标段报告流水号",其中0号变更编号为"合同号+BG00"。

5.1.4 工程变更结算价报告单应按照本指南4.3的规定进行编制,其中:

a) 动态设计可按照其特点以标段(或者单位工程、分部工程、分项工程)为单位进行编制;

b) 0号变更根据项目及标段的实际情况,由发包人确定合并编制成一份或按专业分别编制。编号为"合同号+BG00+×××章"("200章"路基、"300章"路面、"400章"桥梁、"500章"隧道);

c) 横断面复测、施工图设计答疑引起的工程变更,其变更程序在 0 号变更编制前已完成,可纳入 0 号变更编制范围。

5.1.5 计量单位采用招标文件范本工程量清单的单位,合价取整数,数量和单价原则上取小数点后两位。

5.1.6 计量规则采用《公路工程标准施工招标文件》(2018 年版)中《第八章 工程量清单计量规则》(以下简称“招标文件计量规则”)的规定。新增内容计量规则按照“就近相似”原则在招标文件计量规则中选用,缺少部分由发包人确定。

5.1.7 当同一原因引起不同单位工程变化时,应将工程变更结算价中明细内容按照不同单位工程进行分别计算。

5.1.8 证明材料应与本工程变更结算价报告内容相关,并对相关内容进行鲜明标记。

5.2 工程变更结算价报告内容及要求

5.2.1 工程变更结算价报告单

5.2.1.1 应简明扼要显示工程变更结算价的总体信息,主要内容应包含变更项目名称及位置、设计图名称、变更等级、变更分类、变更原因及内容、估计变更金额、估计累计变更金额、估计延长工期及发包人、设计人、监理人的意见,具体格式及填写说明见本指南附录 A.1.1。

5.2.1.2 变更原因及内容栏相应描述变更原因、内容和单价变更的情况,可按本指南 5.2.2 中的内容进行总结。

5.2.1.3 延长工期应提供经过三方共同签认的书面材料。延长工期应与合同工期表述方式一致。

5.2.2 编制说明

5.2.2.1 应详细描述工程变更的内容,包括变更情况说明、工程变更费用计算、附录、变更结论等四部分,具体格式见本指南附录 A.1.2。

5.2.2.2 变更情况说明,应包含变更理由、变更涉及范围两部分:

a) 变更理由应从变更形成原因、产生过程、成立依据及变更成立结论等四方面进行阐述,并收集相应的证明材料。证明材料应翔实并签字完整,其中,变更成立的判定依据应明确表述具体条款号及内容。根据各类变更的特点,变更描述应能说明以下情况:

   1) 0 号变更:已审批完成的工程量清单复核结果与合同工程量清单的差异;单个子目工程数量差值超过 25%,且金额差值大于 50 万元(差值、差额范围发包人可另行确定)的清单子目,设计人应提供书面文件,逐个说明差异原因及对应数值;

   2) 动态设计变更需要明确现场确认设计参数的依据与现场确认的情况;

   3) 优化设计变更,优化建议以及发包人、设计人、监理人及其他的书面意见;当出现地方政府提出的优化设计要求时,应说明当地政府的申请、协调过程及书面意见;当涉及较大及以上变更时,应提供行业主管部门批准的意见;

   4) 不利物质条件引起的变更事件,应说明双方责任的论证情况、设计情况、现场确认及其他情况;

   5) 其他变更应阐述发生的原因、过程,以及协调和确认等情况。

b) 变更涉及范围应能明确分项工程对应范围及工作内容变化情况,对应范围应明确具体桩号及部位,工作内容变化情况应描述具体工作内容的变化。

5.2.2.3 工程变更费用计算包括子目号及单价确定、数量计算、费用计算等三部分内容。

a) 应按以下方法确定子目号及单价:

   1) 按照本指南 4.3.4 的规定,根据变更后的工作内容,按照项目招标文件的约定,以章节目位置、工程范围、工作内容、质量要求均相同,视为同一子目的原则,在合同工程量清单子目和已批复的变更令的子目中选择确定合适的子目和单价;

2) 当合同工程量清单和已批复的变更令的子目中没有适用的清单子目时,应按照合同约定的方式,确定新增子目编号、名称、工作内容、计量规则等;

3) 新增子目号按合同工程量清单、合同文件计价规则及工程量清单计价规范进行确定,不得与已有子目号重复,新增子目号前加"▲"栏进行明确标记;

4) 明确新增子目的名称、工作内容和计量规则及组价方式,子目名称应体现新增内容并与合同工程量清单相适应,工作内容应说明主要工序及流程内容;计量规则应与合同文件计量规则相匹配;

5) 按照本指南 6.3.3 进行判断并确定组价方式;

6) 按照本指南第 6 章的要求确定新增单价。

b) 按照合同约定及新增单价的计量规则,计算工程变更前后的结算数量。变更前数量应根据变更前施工图文件进行计算,变更后数量应根据变更后施工图或符合合同约定的计量规则进行计算;明确基础数据的来源,计算公式及其数量演化过程应予以显示。

c) 费用增减按变更前后的金额采用式(1)计算。

$$C = C_{后} - C_{前} \tag{1}$$

式中:C——工程变更增减费用;

$C_{后}$——变更后费用;

$C_{前}$——变更前费用。

5.2.2.4 工程变更新增单价报告作为工程变更结算价报告的附录,纳入工程变更结算价报告的文件材料中。

5.2.2.5 按照合同约定的方式或者双方的协商文件,计算、确定本项变更结果,即明确工程变更新增单价和工程变更增减金额。

5.3 附件

5.3.1 附件为工程变更结算价报告中涉及变更的所有证明材料,作为工程变更结算价报告的组成部分,由附件目录和证明材料组成。

5.3.2 按照变更成立依据、变更范围依据、子目及单价依据、变更前后数量依据四部分进行整理,附件目录的具体格式见本指南附录 A.1.3。

5.3.3 证明材料按本指南附录 A.1.3 及其出现的先后进行分类排列。

6 工程变更新增单价报告编制

6.1 组价方式分类

新增单价按照组价方式不同分为类似单价、重新组价单价两类。类似单价分为借用、换算、内插、定额替换,重新组价单价分为定额组价、无定额组价。

6.2 适用情形及单价 $P_{计}$ 确定方式

6.2.1 类似单价

6.2.1.1 借用

a) 适用情形:适用于工作内容及涉及组价的各种因素均相同,或双方视作相同。

b) 确定方法:

1） 当本标段其他专业的子目单价中有适用时，调整子目号，借用其单价；
2） 拥有4个及以上标段的项目，当本标段其他专业的子目单价不适用时，可借用通过以下方式共同协商确定的类似单价来调整子目号：由发包人对本项目各标段的合同工程量清单进行汇总，梳理出有标段缺少但有3个及以上的标段拥有相同子目编号、名称的单价，去掉最高和最低值，对剩余单价（仅剩一个直接使用）进行算术平均，形成该子目名称的类似单价；该组合单价应由三方共同确认同意，发包人以书面形式发布。

6.2.1.2 换算

a） 适用情形：适用于工作内容和涉及组价的各种因素均相同，几何尺寸不同而消耗量呈线性比例变化。

b） 确定方法：可通过确定换算单位、计算单位价格 P_u（P_u 为标段内该类子目单位价格的平均值）、确定换算数量 N，按式（2）计算单价 $P_{计}$。

$$P_{计} = P_u \times N \tag{2}$$

式中：$P_{计}$——计算单价；
P_u——单位价格；
N——换算数量。

6.2.1.3 内插

a） 适用情形：适用于仅且存在一个因素（或双方视作一个因素）变化，其变化存在线性比例关系。

b） 确定方法：确定可进行内插的规格，明确比例的适用范围，确定前规格 $L_{前}$、后规格 $L_{后}$ 和新增规格 L_0，排除不平衡报价后，明确前规格单价 $P_{前}$ 和后规格单价 $P_{后}$，按照式（3）计算形成新的单价。

$$P_{计} = P_{前} + (L_0 - L_{前}) \times (P_{后} - P_{前}) \div (L_{后} - L_{前}) \tag{3}$$

式中：$P_{计}$——计算单价；
$P_{前}$——选择前规格单价；
L_0——新增规格；
$L_{前}$——选择前规格；
$P_{后}$——选择后规格单价；
$L_{后}$——选择后规格。

6.2.1.4 定额替换

a） 适用情况：适用于工作内容相似，组价方式相同，对组价因素发生变化的部分进行替换（替换内容应符合预算定额的相关规定）；替换与被替换的统计口径和标准应一致。

b） 确定方法：
1） 确定替换内容、对应定额表号；
2） 换算对应定额工程数量；
3） 定额消耗量按照本指南6.3.5进行确定，替换材料单价按照本指南6.3.6选择确定材料单价；
4） 工料机单价按照本指南6.3.6进行确定；
5） 费率、利润率、税金等按照本指南6.3.7进行确定。

6.2.2 重新组价

6.2.2.1 定额组价

a) 适用情况:适用于已有审批完成的施工方案及相应预算定额。

b) 确定方法:分析审批完成的施工方案,根据合同约定的套用定额顺序确定相应预算定额,按照《公路工程建设项目概算预算编制办法》(JTG 3830)的规定进行组价。

  1) 根据施工方案分析各道工序、工作内容情况,理清分项工程的内容和数量;
  2) 根据工作内容、按照合同约定的顺序套用定额,没有约定时,按照本指南6.3.4选择的顺序,选择合适的定额,应仔细分析,避免漏项;
  3) 按照定额计算分项工程的数量;
  4) 按照本指南6.3.7的规定确定费率、利润率、税金等;
  5) 编制预算,进行单价计算。

6.2.2.2 无定额组价

a) 适用情况:适用于已有审批完成的施工方案,但无适用定额。

b) 确定方法:分析审批完成的施工方案,确定组价方案,完成以下工作,形成新增单价。

  1) 承包人按照已批准的施工方案,编制组价方案,并报监理人和发包人批准;
  2) 按照批准的组价方案进行现场调查,收集组价方案所需要的数据,按照约定的方法进行确认,并进行新增单价计算;
  3) 采用施工方案及现场确定工料机消耗量进行组价计算的组价方案,应按照以下要求进行新增单价的组价:
     - 按照审批完成的施工组织方案简要描述各道工序、工作内容及对应工程量;
     - 根据审批完成的组价方案,对现场实施过程中各道工序所产生的工料机消耗量进行确认,确认方法及格式要求等在组价方案中明确;
     - 按照合同要求确定工料机的单价,合同无约定时,按照本指南6.3.6的方式进行工料机单价的确定;
     - 按照本指南6.3.7的规定确定费率、利润率、税金等;
     - 进行新增单价计算。

6.3 编制原则

6.3.1 一个新增单价编制一份报告,一个新增单价报告确定一个编号。按“合同号+BG标段报告流水号+DJ标段单价变更流水号”进行编号。

6.3.2 工程变更结算价结论,应明确描述具体变更结算价及具体的上报新增单价$P_{报}$。

6.3.3 组价方式一般按照借用、换算、内插、定额替换、定额组价、无定额组价的顺序依次选择。

6.3.4 一般按照以下顺序选用定额:

a) 投标单价分析表(经发包人、承包人签认且清单单价与单价分析资料相一致);

b) 公路工程预算定额;

c) 公路工程补充定额;

d) 市政定额(绿化、园林定额);

e) 水运定额;

f) 建筑定额;

g) 铁路定额;

h) 其他定额(不包括企业定额)。

6.3.5 消耗量一般采用选定定额的消耗量,当出现选定定额中规定可以替换的情形时,按照规定的方式进行替换。

6.3.6 工料机单价一般按照以下原则采用:

a) 投标单价分析表中的工料机单价;

b) 信息价(采用合同文件约定的信息价,未约定的,一般采用省、市交通行业部门发布的招投标同期信息价,如无,再采用建筑业的招投标同时期的信息价);

c) 市场调查按照本指南 4.4.4 的要求开展。

6.3.7 费率、利润率、税金一般采用新增子目对应的投标单价分析表上对应的值,如无,按照《公路工程建设项目概算预算编制办法》(JTG 3830)进行确定。

6.3.8 下浮系数($I_{浮}$)按照合同约定进行确定,一般在采用定额组价、无定额组价的方式中确定 $P_{报}$、$P_{核}$、$P_{令}$,如无约定,可按照式(4)进行计算。

$$I_{浮} = \left(1 - \frac{C_{中}}{C_{预}}\right) \times 100\% \tag{4}$$

式中:$I_{浮}$——下浮系数;

$C_{中}$——承包人中标价;

$C_{预}$——通过造价管理部门审查或备案并公布的工程量清单预算价。

6.4 工程变更新增单价报告内容及要求

6.4.1 工程变更新增单价报告内容应包括工程变更新增单价报告单、工程变更新增单价编制说明、工程变更新增单价附件三部分。

6.4.2 工程变更新增单价报告单内容,应能提供新增单价的原因、主要内容、组价的方式(无定额组价时应采用发包人确定的组价方案),具体格式及填写说明见本指南附录 A.2.1。

6.4.3 工程变更新增单价编制说明,应描述新增单价计算的详细过程,包括单价组成分析、计算过程、计算单价($P_{计}$)、确定上报新增单价($P_{报}$)等内容。计算过程应清晰明确,计算方法应合理,计算数据应选择正确,计算依据应有针对性、符合性,具体格式及编写说明见本指南附录 A.2.2。

当出现以下情况时,应在编制说明中进行说明,并按照说明进行计算:

a) 当使用定额替换、定额组价编制时,应明确说明套用的定额及其修正、分项工程数量的计算、工料机单价、费率、利润率、税金的情况。当定额编制选用的工料机单价产生的时间与投标时间不一致时,应明确说明其价格选择后对新增单价的处置方式。

b) 当采用组价方法组价时,组价方法中应明确具体调查、计算的方式及复核和签认的方式,明确费率、利润率、税金,同时,明确新增单价的确定方法。

c) 上报新增单价 $P_{报}$ 确定,应考虑合同约定的下浮系数,如没有,则按照编制原则确定下浮系数进行计算并明确。

6.4.4 工程变更新增单价附件为新增单价报告涉及的各种证明材料。应建立目录,具体格式见本指南附录 A.2.3,并按照目录整理编排依据文件。一个工程变更结算价报告涉及多个工程变更新增单价报告时,附件编排顺序为:

a) 第 1 个单价名称及对应证明资料;

b) 第 2 个单价名称及对应证明资料,3、4、…、n 以此类推;

c) 共用资料可集中整理,并说明共用状态。

7 变更管理

7.1 变更流程

7.1.1 工程变更结算价报告办理流程，参见本指南附录 C.1。

7.1.2 工程变更新增单价报告办理流程，参见本指南附录 C.2。

7.2 启动、审核、批准、下达

7.2.1 变更启动

当工程具备以下条件时，承包人应及时启动工程变更结算价报告的编制工作，且报告编制应符合本指南第 5 章、第 6 章的要求：

a) 当工程量清单核算结束并签认时，应启动 0 号变更；

b) 当单位工程(或分部工程)内，需要设计人在现场进行确认的设计参数全部确认完毕时，应启动动态设计变更；

c) 当承包人已签收经签认的技术联系单时，应启动优化设计变更工作；

d) 现场发生应急事件，并被确认为不利物质条件引起的变更时，双方责任分担已明确，应急事件已经得到解决，应启动发生不利物质条件的变更工作；

e) 当发生其他事由，参建各方协商一致并形成会议纪要时，应启动其他原因的变更工作。

7.2.2 变更审核

7.2.2.1 审核原则

a) 工程变更结算价审核程序应符合本指南附录 C 的要求；

b) 发包人、设计人、监理人应按本指南第 7 章的要求进行审核、批准，下达变更令；

c) 0 号变更的审批工作应在工程实体计量前完成；

d) 监理人审核时，变更依据不充分应作退回处理，并应审核工程变更台账更新情况；

e) 各审核人员应在合同约定的时间内完成审核；

f) 发包人在批准前应进行审核，并在合同约定的时间内完成批准。

7.2.2.2 工程变更结算价报告审核

7.2.2.2.1 工程变更结算价报告单审核时，应包括以下内容：

a) 核查“编号”编制方式的符合性与编号的正确性；

b) 审核“变更项目名称”与变更前分部分项项目名称是否一致；

c) 审核“里程桩号”“原设计图名称”“图号”填写是否与施工图所示一致；

d) 审核“变更等级”“变更分类”与分类选择是否正确；

e) 审核“变更原因及内容”中变更理由是否充分，陈述条理是否清晰，内容是否完整；

f) 审核“估计变更金额”是否与编制说明中金额一致；

g) 审核“估计累计变更金额”填写是否准确；

h) 审核“估计延长工期”填写是否准确；

i) 审核“附件说明”填写内容与附件资料是否相符。

7.2.2.2.2 编制说明审核时，应包括以下内容：

a) 审核“变更情况说明”阐述形成原因条理是否清晰，过程情况是否事实清楚，变更依据是否充分、有效，变更范围是否准确，结论是否明确；

b) 复核“费用增减”的数量,变更前后数量的数据引用是否准确、计算方式方法是否符合合同要求及计量规则、计算结果是否正确;

c) 复核“费用增减”的单价,单价采用是否符合合同要求及计量规则,子目号、子目名称、单位、单价引用是否准确;

d) 核对“变更结论”计算金额及结论的正确性。

7.2.2.2.3 附件审核时,应审核附件目录编制是否符合要求,证明文件是否按编制说明中出现的先后顺序分类放置,是否真实、完整,依据文件是否合适。

7.2.2.3 工程变更新增单价报告审核

7.2.2.3.1 工程变更新增单价报告单审核时,应包括以下内容:

a) 审核“编号”编制方式的符合性与编号的正确性;

b) 核查“单价变更理由”中新增单价的理由是否充分,对应工程变更结算价报告名称与编号填写是否正确;

c) 审核“单价变更内容”填写是否与单价编制说明内容一致;

d) 审核“附件说明”填写内容与附件资料是否相符。

7.2.2.3.2 编制说明审核时,应包括以下内容:

a) 审核“新增单价情况”,是否符合合同文件计量规则及工程量清单计价规范要求,新增子目号是否与工程本项目内已有子目号重复;

b) 审核“单价组成分析”中组价方式是否符合、组价依据是否充分;

c) 审核“计算”中组价计算过程是否清晰、数据引用和计算方法是否准确、计算结果是否正确;

d) 审核“单价”填写内容是否正确。

7.2.2.3.3 附件审核按照本指南 7.2.2.2.3 进行。

7.2.2.4 监理人审核

a) 应形成书面的监理审核意见并进行签认,工程变更结算价报告审核具体格式见本指南附录 A.3.1,工程变更新增单价报告审核具体格式见本指南附录 A.3.2;

b) 工程变更新增单价报告意见,应明确阐述是否同意变更、变更估算金额、变更新增单价的批复情况,以及变更新增单价的子目号、子目名称、单价、单位情况;

c) 审核意见与工程变更结算价报告内容有较大偏差时,可附相关说明及其他证明资料。

7.2.2.5 设计人审核

设计人应阐明工程变更结算价报告中的内容与设计技术联系单内容的符合性。

7.2.2.6 发包人批准前的审核

发包人审核与监理人审核有偏差时,应对差异部分进行书面说明(书面格式自行确定),差异较大时,可附相关说明及其他证明资料。

7.2.3 批准文件、变更令下达

7.2.3.1 批准

发包人经审核并与承包人确认无异议后,应签署同意并批准。

7.2.3.2 变更令下达

a) 发包人批准后,监理人应尽快下达变更令,其格式见本指南附录 A.4,工程变更结算价与变更

新增单价应独立下达；

b) 工程变更结算价报告变更令按照本指南 5.1.2 进行编号,将“标段报告流水号”调整为“标段变更令流水号”,编号顺序按变更令形成先后顺序排列,即“合同号 + BG 标段变更令流水号”;0 号变更令编号不变,即“合同号 + BG00 + ×××章”;

c) 工程变更新增单价报告变更令编号为“合同号 + BG 标段变更令流水号 + DJ 标段变更令流水号”,新增单价子目号、子目名称以监理人下达的工程变更新增单价报告变更令为准。

7.3 工程变更结算价台账

7.3.1 三方应分别建立工程变更结算价台账,并对其进行动态管理。

7.3.2 变更台账包括工程变更结算价台账、工程变更新增单价台账,按内容不同分为工作联系单台账、工程技术联系单台账。

7.3.3 变更台账及关联台账需实行动态管理,及时更新。工程变更台账及关联台账格式见本指南附录 B。

附　录　A
(规范性附录)
相关文件格式

A.1　工程变更结算价报告

A.1.1　工程变更结算价报告单

A.1.1.1　报告单格式

表 A.1 给出了工程变更结算价报告单格式。

表 A.1　×××工程变更结算价报告单

承包人：　　　　　　　　　　　　　　　　合同号：
监理人：　　　　　　　　　　　　　　　　编　号：

<table>
<tr><td colspan="2">变更项目名称</td><td colspan="2"></td><td>里程桩号</td><td colspan="2"></td></tr>
<tr><td colspan="2">原设计图名称</td><td colspan="2"></td><td>图号</td><td colspan="2"></td></tr>
<tr><td colspan="2">变更等级</td><td colspan="5">一般□　　较大□　　重大□</td></tr>
<tr><td colspan="2">变更分类</td><td colspan="5">0 号变更□　设计变更□　不利物质条件引起的变更□　其他变更□</td></tr>
<tr><td colspan="7">变更原因及内容：

承包人(签字)(公章)：　　　　日期：</td></tr>
<tr><td>估计变更金额</td><td>元</td><td>估计累计变更金额</td><td>元</td><td>估计延长工期</td><td colspan="2">天</td></tr>
<tr><td rowspan="2">监理人意见</td><td colspan="6">专业监理工程师：　　年　月　日</td></tr>
<tr><td colspan="6">总监理工程师(签字、公章)：　　年　月　日</td></tr>
<tr><td>设计人意见</td><td colspan="6">设计代表(签字、公章)：　　年　月　日</td></tr>
<tr><td>发包人意见</td><td colspan="6">发包人代表(签字、公章)：　　年　月　日</td></tr>
<tr><td>附件说明</td><td colspan="6"></td></tr>
</table>

注：工程变更应按合同条款约定的权限，经审批后以监理人的变更通知单内容为准。

A.1.1.2　填写说明

工程变更结算价报告单按以下要求进行填写：

a）本表由承包人填写，为工程变更结算价变更令的附件；

b）“编号”栏由发包人按本指南 5.1.2 的规定在变更发生前明确编号方式；

c）“变更项目名称”栏填写变更前的分部分项名称；

d）“里程桩号”“原设计图名称”“图号”栏按变更前施工图相应内容填写，书写名称及方式同施工图一致；

e）“变更等级”栏为发包人按照《公路工程设计变更管理办法》（交通部令2005年第5号）办理设计变更下达技术联系单时确定的变更等级；

f）“变更分类”栏按照本指南4.2规定的类别填写；

g）“变更原因及内容”栏为变更原因、变更内容和工程变更新增单价的描述，按照编制说明中的变更产生原因、变更涉及范围与内容进行概括说明；

h）“估计变更金额”栏填写本工程变更结算价增减金额，“+”为增加，“-”为减少；

i）“估计累计变更金额”栏填写本标段工程变更结算价累计增减金额，“+”为增加，“-”为减少；

j）“估计延长工期”栏填写发包人、监理人、承包人共同签认的书面材料上载明的影响天数，为标段总工期上的增加，“+”为增加，“-”为减少；

k）“附件说明”栏填写编制说明及附件名称，若填写不下时可选择主要内容填写。

A.1.2 工程变更结算价编制说明

A.1.2.1 编制说明格式

×××工程变更结算价编制说明

一、变更情况说明

1. 变更理由

（1）变更形成原因

（2）变更形成过程

（3）变更成立依据

（4）变更成立结论

2. 变更涉及范围

（1）分项工程对应范围

（2）分项工程工作内容变化情况

二、工程变更费用计算

1. 子目号及单价确定

通过对此变更前后设计文件的工作内容，本变更共涉及____（总数）____个子目及单价。

（1）采用工程清单子目号及单价

（2）采用已批复变更令子目号及单价

（3）新增变更子目号及单价

工程变更新增子目号及单价一览表

新增子目号	子目名称	单位	单价 $P_{报}$（元）	工作内容	计量规则	组价方式

计算：　　　　　　　　　　复核：

2. 工程变更结算数量计算

（1）变更前数量

变更前数量一览表

子目号	子目名称	单位	数量	数量计算式	数量来源	备注

注：变更前数量的“数量计算式”“数量来源”如填写不下可另附表格。

计算：　　　　　　　　　　　　　　复核：

(2)变更后数量

变更后数量一览表

子目号	子目名称	单位	数量	数量计算式	数量来源	备注

注：变更后数量的“数量计算式”“数量来源”如填写不下可另附表格。

计算：　　　　　　　　　　　　　　复核：

3. 费用增减情况

(1)工程变更费用计算

工程变更费用计算表

子目号	子目名称	单位	单价	$C_{前}$		$C_{后}$		C(增“+”减“-”)		备注
				数量	金额	数量	金额	数量	金额	
本页小计		元								
合计		元								

计算：　　　　　　　　复核：　　　　共　　页　　第　　页

(2)工程变更费用计算结果

变更前金额________元，变更后金额________元，估计变更金额增加(减少)________元。

三、附录

附录 A　(编号)、(名称)新增单价变更报告

附录 B　(编号)、(名称)新增单价变更报告

四、变更结论

1. 本项变更新增单价项，详细见下表：

工程变更新增子目号及单价一览表

新增子目号	子目名称	单位	单价 $P_{报}$(元)	工作内容	计量规则	工程变更新增单价报告编号

2. 本项变更前金额________元，变更后金额________元，估计变更金额增加(减少)________元。

编制：　　　　　　复核：　　　　　　日期：

A.1.2.2 编写说明

一、变更情况说明

1. 变更理由

(1)“变更形成原因”栏描述本项变更产生的原因。

(2)“变更形成过程”栏描述本项变更产生的过程,按照时间先后进行连贯性的描述,并明确写明每个过程的证明材料名称。

(3)“变更成立依据”栏按照以下要求进行描述:

a) 0号变更,应描述审批完成的工程量清单复核结果、承包人针对差异部分的书面说明,设计人对其原因的签认情况;

b) 动态设计变更,应描述施工图设计文件中具体的位置和要求;现场设计确认的程序,可按照其动态设计的特点进行合同段(或者单位工程、分部工程、分项工程)办理报批;

c) 优化设计变更,应描述优化提出单位的建议,发包人、设计人、监理人等具体书面意见及优化设计情况;当出现地方政府提出的优化设计要求时,应说明当地政府的申请、协调过程及书面意见;当涉及较大及以上变更时,应增加行业主管部门批准的情况;

d) 不利物质条件引起的变更,应阐述不利物质条件及引起的事件,发包人、承包人责任明确分担的情况说明,设计情况,变更数量确认及其他情况;

e) 其他变更,应阐述发生的过程及协调和确认以及其他情况。

(4)“变更成立结论”栏应陈述判定工程变更成立的具体合同条款,明确变更成立结论。

2. 变更涉及范围

(1)“分项工程对应范围”栏应描述该设计变更影响的分项工程范围,并注明分项工程名称、桩号、部位等详细信息。

(2)“分项工程工作内容变化情况”栏描述分项工程工作内容变化的具体情况。

二、工程变更费用计算

1. 子目号及单价确定

(1)“采用工程清单子目号及单价”栏应详细列出采用合同工程量清单的子目号及单价;

(2)“采用已批复变更令子目号及单价”栏应详细列出采用子目号及单价,与之相对应变更令编号;

(3)“新增变更子目号及单价”栏应详细列出需要新增的子目号及单价,工程变更新增单价报告的编号。

2. 工程变更结算数量计算

(1)变更前数量

根据合同文件计量规则及施工图,计算变更前对应工程数量。“子目号”“子目名称”“单位”栏根据合同工程量清单及计量规则确定的内容填写。“数量”栏根据变更前施工图及计量规则计算所得。“数量计算式”“数量来源”栏填写按计量规则对计量数量进行计算得到的结果和计算过程,以及计算过程中各数据来源证明资料,如填写不下可另附表格。

(2)变更后数量

“变更后数量”栏根据合同文件计量规则、变更后施工图,计算变更后对应工程数量情况。“子目号”“子目名称”“单位”栏根据合同工程量清单及计量规则确定的内容填写。“数量”栏根据变更后施工图、实际完成工程量及计量规则计算所得,变更后数量的性质与工程量清单数量性质相同。“数量计算式”“数量来源”栏填写按计量规则对计量数量进行计算得到的结果和计算过程，以及计算过程中各数据来源证明资料，如填写不下可另附表格。

3. 费用增减情况

将上述子目号、子目名称、单位、单价、变更前后的数量进行汇总，并进行变更前后和增减的费用计算。

三、附录

为工程变更新增单价报告，按照工程变更新增子目号及单价一览表填写，若没有新增，写“本项变更无新增单价”，如有则多个依次填写。

四、变更结论

按照双方的合同约定和协商文件，明确本项目变更的最后结论。变更结论金额有可能与计算结果不同。

例：

1. 不利物质条件变更金额，应为计算费用乘以协商约定的比例的结果。

2. 因承包人原因提出的变更，经双方协商同意后，变更金额增加部分应为零。

3. 本编制说明中的签认均由承包人进行。

A.1.3 工程变更结算价附件

A.1.3.1 目录格式

目　　录

A.1.3.2 证明材料

证明材料按照目录顺序排列。

A.2 工程变更新增单价报告

A.2.1 工程变更新增单价报告单

A.2.1.1 报告单格式

表 A.2 给出了工程变更新增单价报告单格式。

表 A.2　×××工程变更新增单价报告单

承包人：　　　　　　　　　　　　　　　　　合同号：
监理人：　　　　　　　　　　　　　　　　　编　号：

<table>
<tr><td rowspan="2">单价变更理由</td><td>结论</td><td></td></tr>
<tr><td>成立依据</td><td></td></tr>
<tr><td colspan="3">单价变更内容：
<table>
<tr><td>新增子目号</td><td>子目名称</td><td>单位</td><td>单价 $P_{报}$(元)</td><td>工作内容</td><td>计量规则</td><td>组价方式</td></tr>
<tr><td></td><td></td><td></td><td></td><td></td><td></td><td></td></tr>
</table>
承包人(签字)(公章)：　　　　日期：</td></tr>
<tr><td rowspan="2">监理人意见</td><td colspan="2">专业监理工程师：　　　年　　月　　日</td></tr>
<tr><td colspan="2">总监理工程师(签字、公章)：　　　年　　月　　日</td></tr>
<tr><td>发包人意见</td><td colspan="2">发包人代表(签字、公章)：　　　年　　月　　日</td></tr>
<tr><td>附件说明</td><td colspan="2"></td></tr>
</table>

注：应按合同条款约定的权限，经审批后以监理工程师的变更通知单内容为准。

A.2.1.2　填写说明

工程变更新增单价报告单应按以下要求进行填写：

a）“编号”栏由发包人按本指南 6.3.1 的规定在变更发生前明确编号方式；

b）“单价变更理由”栏描述根据工程量清单及计量规则判断无适用单价需新增单价变更结论及单价变更理由成立依据；

c）“结论”栏描述根据合同工程量清单及计量规则要求，得出需新增单价变更的结论；

d）“成立依据”栏为对应工程变更结算价报告，具体填写工程变更结算价报告编号及名称；

e）“单价变更内容”栏为各新增单价内容的主要概况；

f）“新增子目号”“子目名称”“单位”栏按合同文件计量规则及工程量清单计价规范确定；新增子目号不得与工程本项目内已有子目号重复，新增子目号前加“▲”栏标记，以示区别；

g）“单价”栏填写新增单价变更编制说明中“确定上报新增单价 $P_{报}$”栏的单价；

h）“工作内容”栏描述主要工序及流程内容；

i）“计量规则”栏与合同文件计量规则相匹配，明确工程数量、单位及数量计算范围；

j）“组价方式”栏选填本指南规定的新增单价组价方式；

k）“附件说明”栏填写编制说明及附件名称，若填写不下时可选择主要内容填写。

A.2.2 工程变更新增单价编制说明

A.2.2.1 编制说明格式

A.2.2.1.1 借用

借用变更新增单价编制说明

一、新增单价情况

新增子目号	子目名称	单位	单价 $P_{报}$(元)	工作内容	计量规则	备注

二、单价组成分析

1. 组成分析

2. 依据

三、确定上报新增单价 $P_{报}$

编制：　　　　复核：　　　　日期：

A.2.2.1.2 换算

换算变更新增单价编制说明

一、新增单价情况

新增子目号	子目名称	单位	单价 $P_{报}$(元)	工作内容	计量规则	备注

二、单价组成分析

1. 组成分析

2. 依据

三、计算过程

1. 单位单价 P_u

2. 换算数量 N

3. 计算单价 $P_{计}$

四、确定上报新增单价 $P_{报}$

编制：　　　　复核：　　　　日期：

A.2.2.1.3 内插

内插变更新增单价编制说明

一、新增单价情况

新增子目号	子目名称	单位	单价 $P_{报}$(元)	工作内容	计算规则	备注

二、单价组成分析

1. 组成分析

2. 依据

三、计算过程

1. 确定前规格($L_{前}/P_{前}$)

2. 确定后规格($L_{后}/P_{后}$)

3. 新增规格 L_0

4. 计算单价 $P_{计}$

四、确定上报新增单价 $P_{报}$

编制：　　　　复核：　　　　日期：

A.2.2.1.4　定额替换

定额替换变更新增单价编制说明

一、新增单价情况

新增子目号	子目名称	单位	单价 $P_{报}$(元)	工作内容	计算规则	备注

二、单价组成分析

1. 组成分析

2. 依据

三、计算过程

1. 分项工程内容及数量

2. 定额抽换

3. 工料机单价

4. 费率

5. 利润率

6. 税金

7. 计算单价 $P_{计}$

四、确定上报新增单价 $P_{报}$

编制：　　　　复核：　　　　日期：

A.2.2.1.5　定额组价

定额组价变更新增单价编制说明

一、新增单价情况

新增子目号	子目名称	单位	单价 $P_{报}$(元)	工作内容	计算规则	备注

二、单价组成分析

1. 组成分析

2. 依据

三、计算过程

1. 分项工程内容及数量

2. 定额套用
3. 工料机单价
4. 费率
5. 利润率
6. 税金
7. 计算单价 $P_{计}$
四、确定上报新增单价 $P_{报}$
1. 下浮系数
2. 上报新增单价 $P_{报}$ = 计算单价 $P_{计}$ × 下浮系数

编制：　　　　复核：　　　　日期：

A.2.2.1.6 无定额组价

无定额组价变更新增单价编制说明

一、新增单价情况

新增子目号	子目名称	单位	单价 $P_{报}$(元)	工作内容	计算规则	备注

二、单价组成分析(已批复的组价方案作为附件)
1. 组成分析
2. 依据
三、计算过程
1. 工程直接费计算
(1)工料机消耗量
(2)工料机单价
2. 费用计算
3. 计算单价 $P_{计}$
四、确定上报新增单价 $P_{报}$
1. 下浮系数
2. 上报新增单价 $P_{报}$ = 计算单价 $P_{计}$ × 下浮系数

编制：　　　　复核：　　　　日期：

注：无定额套用方案，根据发包人审批完成组价方案的自行确定格式。

A.2.2.2 编写说明

1. "新增子目号""子目名称""单位"栏按合同文件计价规则及工程量清单计价规范确定。新增子目号不得与工程本项目内已有子目号重复，新增子目号前加"▲"栏标记，以示区别。

2. "组成分析"栏应说明该项新增单价采用组价方式的理由，并针对选择的组价方式中的组价作相应描述。

3. "依据"栏根据合同约定及本指南规定的分类，阐述新增单价采用的组价类别及依据。

4. 计算过程。

4.1 借用为直接套用单价，无计算过程。

4.2 换算。

(1)“单位单价 P_u”栏填写具体单位单价的计算过程和数值;

(2)“换算数量 N”栏填写按照单位单价计算换算数量的过程;

(3)“计算单价 $P_{计}$”栏填写“单位单价 P_u”与“换算数量 N”的单价计算过程和结果。

4.3 内插。

(1)“确定前规格($L_{前}/P_{前}$)”栏填写经分析选用内插的前规格和单价;

(2)“确定后规格($L_{后}/P_{后}$)”栏填写经分析选用内插的后规格和单价;

(3)“新增规格 L_0”栏填写新增单价在经分析选用规格上的规格值;

(4)“计算单价 $P_{计}$”栏填写使用内插公式计算的过程和结果。

4.4 定额替换。

(1)“分项工程内容及数量”栏填写需抽换部分分项工程内容情况,说明相应分项工程工序、工作内容、对应工程数量、来源依据;

(2)“定额抽换”栏填写按照根据计价规则选用具体定额情况,说明抽换部分工作内容所对应的定额采用情况、定额工程数量换算、采用依据;

(3)“工料机单价”栏填写每个单价的数值和来源,并按照合同要求对材料单价做出相应的处理;

(4)“费率”“利润率”“税金”按照合同文件中的约定进行确定,如无约定则按照《公路工程建设项目概算预算编制办法》(JTG 3830)所规定的内容进行确定;

(5)“计算单价 $P_{计}$”栏填写定额编制单价计算的过程和结果。

4.5 定额组价。

(1)“分项工程内容及数量”栏填写根据施工方案简要阐述各道工序、工作内容情况,逐项说明分项工程每道工序工作内容的对应工程数量及来源依据;

(2)“定额套用”栏填写根据计价规则选用定额情况,说明每道工序的工作内容所对应的定额采用情况、定额工程数量换算及采用依据;

(3)“工料机单价”“费率”“利润率”“税金”“计算单价 $P_{计}$”与本指南附录 A.2.2.2 中的 4.4 相同。

4.6 无定额组价。

计算过程可根据发包人审批完成的组价方案自行确定格式,如采用施工方案及现场确定工料机消耗量进行组价,则计算格式如下:

(1)“工程直接费计算”栏根据发包人审批完成的施工组织方案简要描述各道工序、工作内容及对应工程量;

(2)“工料机消耗量”栏监理人根据审批完成的组价方案,对现场实施过程中各道工序所产生的工料机消耗量进行确认,确认方法及格式要求等在组价方案中或发包人在合同文件中明确;

(3)“工料机单价”栏按照合同文件中的约定进行确定;

(4)“费用计算”栏计算每道工序对应费率并得出总和;

(5)“上报新增单价 $P_{报}$”栏为计算单价扣除下浮部分后的单价,应明确数值。

A.2.3 工程变更新增单价附件

A.2.3.1 目录格式

目　录

1. 证明资料名称 ………………………………………………………………………… n

2. 证明资料名称(见共用资料)

三、共用资料

证明资料名称(共__页) ……………………………………………………………… n

A.2.3.2 证明材料

证明材料按照目录顺序排列。

A.3 监理审核格式

A.3.1 工程变更结算价报告审核格式

工程变更结算价报告监理审核意见

一、工程变更结算价报告单审核

1. 编号

2. 变更等级

3. 变更分类

二、编制说明审核

1. 变更原因

2. 变更涉及范围

3. 变更前数量

4. 变更后数量

5. 单价采用

6. 变更结论

三、附件审核

编制： 复核： 日期：

A.3.2 工程变更新增单价报告审核格式

工程变更新增单价报告监理审核意见

一、工程变更新增单价报告单审核

1. 编号

2. 单价变更理由

3. 单价变更内容

二、编制说明审核

1. 分析说明及依据

2. 计算

3. 单价 $P_{核}$

三、附件审核

编制： 复核： 日期：

A.4 变更令

A.4.1 工程变更结算价报告变更令

A.4.1.1 表格样式

表 A.3 给出了工程变更结算价报告变更令格式。

表 A.3 ×××工程变更结算价报告变更令

承包人： 合同号：

监理人： 编　号：

<table>
<tr><td colspan="3">变更项目名称</td><td colspan="3"></td><td colspan="3">里程桩号</td><td colspan="2"></td></tr>
<tr><td colspan="3">原设计图名称</td><td colspan="3"></td><td colspan="3">图号</td><td colspan="2"></td></tr>
<tr><td colspan="3">变更名称</td><td colspan="3"></td><td colspan="3">变更编号</td><td colspan="2"></td></tr>
<tr><td colspan="3">变更等级</td><td colspan="8">一般□　　较大□　　重大□</td></tr>
<tr><td colspan="3">变更分类</td><td colspan="8">0 号变更□　设计变更□　不利物质条件引起的变更□　其他变更□</td></tr>
<tr><td colspan="11">变更原因及内容：
报告人（签字）（公章）：　　日期：</td></tr>
<tr><td colspan="11">工程变更新增单价情况：</td></tr>
<tr><td rowspan="4">合同价及工期变化</td><td colspan="6">合同价（元）</td><td rowspan="4"></td><td colspan="3">工期（天）</td></tr>
<tr><td colspan="2">此前变更累计金额</td><td colspan="2">此项变更金额</td><td colspan="2">所有变更累计金额</td><td rowspan="2">此前累计增加工期</td><td rowspan="2">此项变更增加工期</td><td rowspan="2">所有累计增加工期</td></tr>
<tr><td>增加</td><td>减少</td><td>增加</td><td>减少</td><td>增加</td><td>减少</td></tr>
<tr><td></td><td></td><td></td><td></td><td></td><td></td><td></td><td></td><td></td></tr>
<tr><td rowspan="2">监理人意见</td><td colspan="10">专业监理工程师（签字）：　年　月　日</td></tr>
<tr><td colspan="10">总监理工程师（签字、公章）：　年　月　日</td></tr>
<tr><td>附件说明</td><td colspan="10"></td></tr>
</table>

A.4.1.2 填写说明

a) 本表由监理人填写；

b) “编号”栏按本指南 7.2.3.2b)的规定填写；

c) “变更项目名称”栏填写变更前分部分项名称；

d) “里程桩号”“原设计图名称”“图号”栏按变更前施工图相应内容填写，书写名称及方式同施工图一致；

e) “变更等级”栏为发包人按照《公路工程设计变更管理办法》（交通部令 2005 年第 5 号）办理设

计变更下达技术联系单时确定的变更等级;

f) “变更分类”栏按照本指南4.2规定的类别填写;

g) “变更原因及内容”栏为变更原因、变更内容和工程变更新增单价的描述,按照编制说明中的变更产生原因、变更涉及范围与内容进行概括说明;

h) “工程变更新增单价情况”栏为本工程变更结算价对应的工程变更新增单价情况,具体填写工程变更新增单价编号;

i) “此前变更累计金额”栏填写本工程变更结算价前累计增减金额,“+”为增加,“-”为减少;

j) “此项变更金额”栏填写本工程变更结算价增减金额,“+”为增加,“-”为减少;

k) “所有累计变更金额”栏填写本标段工程变更结算价累计增减金额,“+”为增加,“-”为减少;

l) “此前累计增加工期”栏填写发包人、监理人、承包人共同签认的书面材料上载明的影响天数,为标段本变更前总工期上的增加;

m) “此项变更增加工期”栏填写发包人、监理人、承包人共同签认的书面材料上载明的影响天数,为该项变更增加的工期;

n) “所有累计增加工期”栏填写发包人、监理人、承包人共同签认的书面材料上载明的影响天数,是标段总工期上的增加,“+”为增加,“-”为减少;

o) “附件说明”栏填写编制说明及附件名称,若填写不下时可选择主要内容填写。

A.4.2 工程变更新增单价报告变更令

A.4.2.1 表格样式

表A.4给出了工程变更新增单价报告变更令格式。

表A.4 ×××工程变更新增单价报告变更令

承包人: 合同号:

监理人: 编 号:

<table>
<tr><td colspan="2">对应变更编号</td><td colspan="2"></td><td colspan="2">对应变更令编号</td><td></td></tr>
<tr><td colspan="2">对应变更名称</td><td colspan="2"></td><td colspan="2">对应新增单价编号</td><td></td></tr>
<tr><td colspan="7">工程变更新增单价内容:</td></tr>
<tr><td>新增子目号</td><td>子目名称</td><td>单位</td><td>单价 $P_{令}$(元)</td><td>工作内容</td><td>计算规则</td><td>组价方式</td></tr>
<tr><td></td><td></td><td></td><td></td><td></td><td></td><td></td></tr>
<tr><td rowspan="2">监理人意见</td><td colspan="6">专业监理工程师(签字): 年 月 日</td></tr>
<tr><td colspan="6">总监理工程师(签字、公章): 年 月 日</td></tr>
<tr><td>附件说明</td><td colspan="6"></td></tr>
</table>

A.4.2.2 填写说明

a) 本表由监理人填写;

b) “对应变更编号”栏填写对应工程变更结算价报告编号；

c) “对应变更令编号”栏填写对应工程变更结算价报告变更令编号；

d) “对应变更名称”栏填写对应工程变更结算价报告名称；

e) “对应新增变更编号”栏填写对应工程变更新增单价报告编号；

f) “工程变更新增单价情况”栏为本工程变更结算价对应的工程变更新增单价情况，具体填写工程变更新增单价编号、新增单价子目号、子目名称、单位、单价；

g) “附件说明”栏填写编制说明及附件名称，若填写不下时可选择主要内容填写。

附 录 B
(资料性附录)
工程变更台账格式

B.1 工程变更台账

B.1.1 表 B.1 给出了工程变更结算价台账格式。

表 B.1 ×××工程变更结算价台账

序号	工程变更报告			估计变更金额“+”或“-”	有否新增单价		新增单价变更报告编号	变更令		变更后计量数量是否需要现场确认单		计量金额	数量确认单编号	备注
	编号	内容	日期		是“√”	否“×”		编号	日期	是“√”	否“×”			

填表人： 负责人：

注：“变更后计量数量是否需要现场确认单”栏填写“√”或“×”，填“√”时需填写“计量金额”栏。

B.1.2 表 B. 2 给出了工程变更新增单价台账格式。

表 B.2 ×××工程变更新增单价台账

序号	工程变更报告编号	工程变更新增单价报告					变更令					备注
		编号	新增子目号	子目名称	单位	单价 $P_{报}$	编号	新增子目号	子目名称	单位	单价 $P_{令}$	

填表人： 负责人：

B.2 关联台账

B.2.1 表 B.3 给出了工作联系单台账格式。

表 B.3 ×××工程工作联系单台账

序号	工作联系单			是否涉及设计变更		估算变更金额	发监理人		备注
	编号	日期	内容	是“√”	否“×”		签收人	日期	

填表人： 负责人：

B.2.2 表 B.4 给出了涉及变更的对应台账格式。

表 B.4 ×××工程涉及变更的对应台账

序号	发监理人工作联系单			发包人批复	相应技术联系单		涉及工程变更报告		备注
	编号	内容	日期	日期	编号	日期	编号	日期	

填表人： 负责人：

注：可根据具体相关联内容对表格进行调整。

附 录 C

(资料性附录)

变更办理工作流程

C.1 工程变更结算价报告办理流程

图C.1给出了工程变更结算价报告的办理流程。

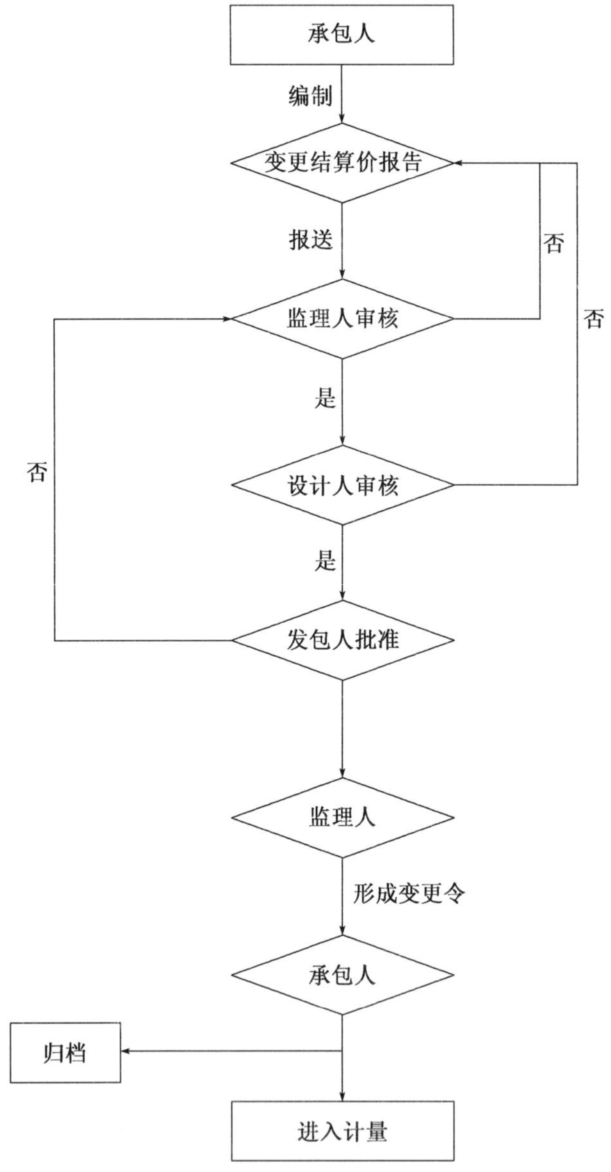

图C.1 工程变更结算价报告办理流程

C.2 工程变更新增单价报告办理流程

图C.2给出了工程变更新增单价报告的办理流程。

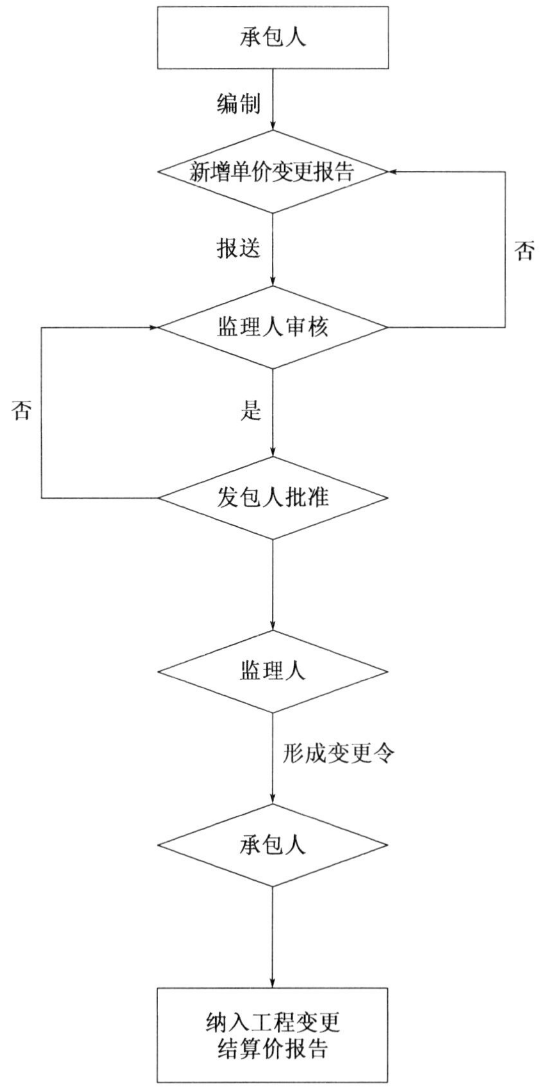

图 C.2　工程变更新增单价报告办理流程

附　录　D

（资料性附录）

《公路工程标准施工招标文件》(2018 年版)规定的变更内容

D.1　第一节　通用合同条款

D.1.1　4.11　不利物质条件

4.11.1　不利物质条件，除专用合同条款另外有约定外，是指承包人在施工场地遇到不可预见的自然物质条件、非自然的物质障碍和污染物，包括地下和水文条件，但不包括气候条件。

4.11.2　承包人遇到不利物质条件时，应采取适应不利物质条件的合理措施继续施工，并及时通知监理人。监理人应当及时发出指示，指示构成变更的，按第 15 条约定办理。监理人没有发出指示的，承包人因采取合理措施而增加的费用和(或)工期延误，由发包人承担。

D.1.2　15.变更

15.1　变更的范围和内容

除专用合同条款另有约定外，在履行合同中发生以下情形之一，应按照本条规定进行变更。

(1)取消合同中任何一项工作，但被取消的工作不能转由发包人或其他人实施；

(2)改变合同中任何一项工作的质量或其他特性；

(3)改变合同工程的基线、标高、位置或尺寸；

(4)改变合同中任何一项工作的施工时间或改变已批准的施工工艺或顺序；

(5)为完成工程需要追加的额外工作。

15.2　变更权

在履行合同过程中，经发包人同意，监理人可按第 15.3 款约定的变更程序向承包人作出变更指示，承包人应遵照执行。没有监理人的变更指示，承包人不得擅自变更。

15.3　变更程序

15.3.1　变更的提出

(1)在合同履行过程中，可能发生第 15.1 款约定情形的，监理人可向承包人发出变更意向书。变更意向书应说明变更的具体内容和发包人对变更的时间要求，并附必要的图纸和相关资料。变更意向书应要求承包人提交包括拟实施变更工作的计划、措施和竣工时间等内容的实施方案。发包人同意承包人根据变更意向书要求提交的变更实施方案的，由监理人按第 15.3.3 项约定发出变更指示。

(2)在合同履行过程中，发生第 15.1 款约定情形的，监理人应按照第 15.3.3 项约定向承包人发出变更指示。

(3)承包人收到监理人按合同约定发出的图纸和文件，经检查认为其中存在第 15.1 款约定情形的，可向监理人提出书面变更建议。变更建议应阐明要求变更的依据，并附必要的图纸和说明。监理人收到承包人书面建议后，应与发包人共同研究，确认存在变更的，应在收到承包人书面建议后的 14 天内作出变更指示。经研究后不同意作为变更的，应由监理人书面答复承包人。

(4)若承包人收到监理人的变更意向书后认为难以实施此项变更，应立即通知监理人，说明原因并附详细依据。监理人与承包人和发包人协商后确定撤销、改变或不改变原变更意向书。

15.3.2　变更估价

(1)除专用合同条款对期限另有约定外，承包人应在收到变更指示或变更意向书后的 14 天内，向监理人提交变更报价书，报价内容应根据第 15.4 款约定的估价原则，详细开列变更工作的价格组成及其依据，并附必要的施工方法说明和有关图纸。

(2)变更工作影响工期的，承包人应提出调整工期的具体细节。监理人认为有必要时，可要求承包人提交要求提前或延长工期的施工进度计划及相应施工措施等详细资料。

(3)除专用合同条款对期限另有约定外，监理人收到承包人变更报价书后的14 天内，根据第15.4款约定的估价原则，按照第3.5 款商定或确定变更价格。

15.3.3 变更指示

(1)变更指示只能由监理人发出；

(2)变更指示应说明变更的目的、范围、变更内容以及变更的工程量及其进度和技术要求，并附有关图纸和文件。承包人收到变更指示后，应按变更指示进行变更工作。

15.4 变更的估价原则

除专用合同条款另有约定外，因变更引起的价格调整按照本款约定处理。

15.4.1 已标价工程量清单中有适用于变更工作的子目的，采用该子目的单价。

15.4.2 已标价工程量清单中无适用于变更工作的子目，但有类似子目的，可在合理范围内参照类似子目的单价，由监理人按第3.5 款商定或确定变更工作的单价。

15.4.3 已标价工程量清单中无适用或类似子目的单价，可按照成本加利润的原则，由监理人按第3.5款商定或确定变更工作的单价。

D.2 第二节 公路工程专用合同条款

D.2.1 4.11 不利物质条件

第4.11.2 项细化为：

4.11.2 承包人遇到不可预见的不利物质条件时，应采取适应不利物质条件的合理措施继续施工，并及时通知监理人。监理人应当及时发出指示，指示构成变更的，按第15 条约定办理。监理人没有发出指示的，承包人因采取合理措施而增加的费用和(或)工期延误，由发包人承担。

本款补充第4.11.3 项：

4.11.3 可预见的不利物质条件

(1)对于项目专用合同条款中已经明确指出的不利物质条件无论承包人是否有其经历和经验均视为承包人在接受合同时已预见其影响，并已在签约合同价中计入因其影响而可能发生的一切费用。

(2)对于项目专用合同条款未明确指出，但是在不利物质条件发生之前，监理人已经指示承包人有可能发生，但承包人未能及时采取有效措施，而导致的损失和后果均由承包人承担。

D.2.2 15.变更

15.1 变更的范围和内容

本款第(1)项细化为：

(1)取消合同中任何一项工作，但被取消的工作不能转由发包人或其他人实施，由于承包人违约造成的情况除外；

15.3 变更程序

本款补充第15.3.4 项：

15.3.4 设计变更程序应执行《公路工程设计变更管理办法》的相关规定。

15.4 变更的估价原则

本款细化为：除项目专用合同条款另有约定外，因变更引起的价格调整按照本款约定处理。

15.4.1 如果取消某项工作，则该项工作的总额价不予支付。

15.4.2 已标价工程量清单中有适用于变更工作的子目的，采用该子目的单价。

15.4.3 已标价工程量清单中无适用于变更工作的子目,但有类似子目的,可在合理范围内参照类似子目的单价,由监理人按第 3.5 款商定或确定变更工作的单价。

15.4.4 已标价工程量清单中无适用或类似子目的单价,可在综合考虑承包人在投标时所提供的单价分析表的基础上,由监理人按第 3.5 款商定或确定变更工作的单价。

15.4.5 如果本工程的变更指示是因承包人过错、承包人违反合同或承包人责任造成的,则这种违约引起的任何额外费用应由承包人承担。